Impressum
Verlag: BABADADA GmbH, Nedderfeld 112 , 22529 Hamburg
Geschäftsführer / Verlagsleitung: Harald Hof
Druck: Books on Demand GmbH, In de Tarpen 42, 22848 Norderstedt

Imprint
Publisher: BABADADA GmbH, Nedderfeld 112 , 22529 Hamburg, Germany
Managing Director / Publishing direction: Harald Hof
Print: Books on Demand GmbH, In de Tarpen 42, 22848 Norderstedt, Germany

学校
la escuela

割り算
dividir

186/2

黒板
la pizarra

教室
el aula

校庭
el patio

教師
el maestro/a

紙
el papel

書く
escribir

ペン
el bolígrafo

事務机
el escritoria

定規
la regla

本
el libro

生徒
el alumno/a

ランドセル
la cartera

筆入れ
la caja de lápices

鉛筆
el lápiz

鉛筆削り
el sacapuntas

消しゴム
la goma de borrar

スケッチブック
el cuaderno de dibujo

スケッチ
el dibujo

絵筆
el pincel

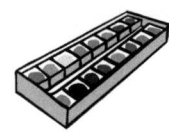
絵の具箱
la caja de pinturas

はさみ
las tijeras

接着剤
el pegamento

練習帳
el cuaderno de ejercicios

宿題
los deberes

数
el número

足し算
sumar

引き算
restar

かけ算
multiplicar

計算する
calcular

文字
la letra

アルファベット
el alfabeto

単語
la palabra

テキスト

el texto

読む

leer

チョーク

la tiza

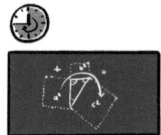

授業

la lección

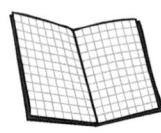

学級日誌

el cuaderno de notas

試験

el examen

通知表

el certificado

制服

el uniforme

教育

la educación

百科事典

la enciclopedia

大学

la universidad

顕微鏡

el microscopio

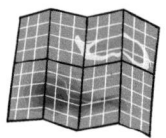

地図

el mapa

ごみ箱

la papelera

旅行

el viaje

ホテル
el hotel
Grand
ホステル
el albergue
ROOMS
CHANGE
替所
oficina de cambio de divisas
スーツケース
la maleta
自動車
el coche

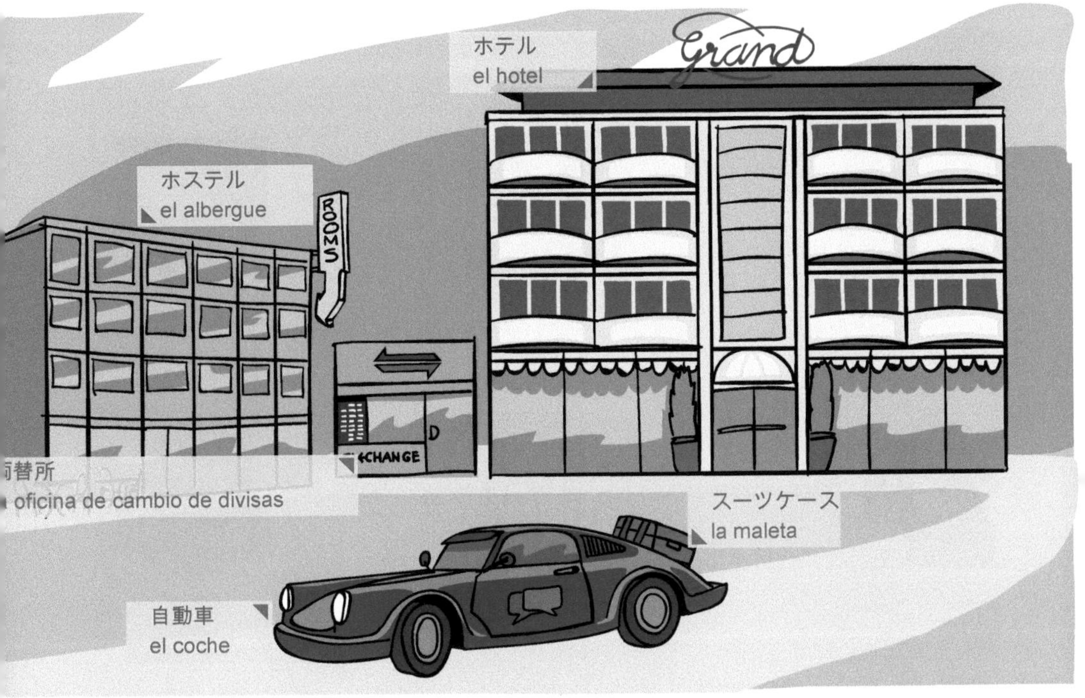

言語

el idioma

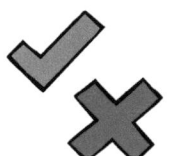

はい / いいえ

sí / no

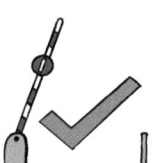

問題ない

Vale

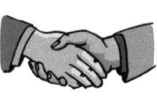

ハロー

hola

翻訳者

el traductor

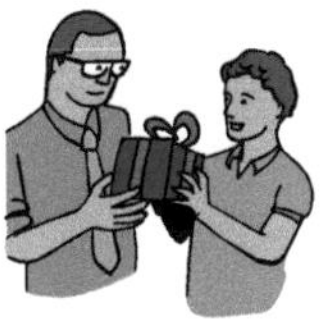

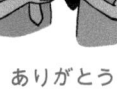

ありがとう

Gracias

…はいくらですか？

¿cuánto es…?

わかりません

No entiendo

問題

el problema

こんばんは！

¡Buenas tardes!

おはようございます！

¡Buenos días!

おやすみなさい！

¡Buenas noches!

さようなら

adiós

方向

la dirección

手荷物

el equipaje

バッグ

la bolsa

リュックサック

la mochila

お客様

el invitado

部屋

la habitación

寝袋

el saco de dormir

テント

la tienda de campaña

旅行者情報

la información turística

ビーチ

la playa

クレジットカード

la tarjeta de crédito

朝食

el desayuno

昼食

el almuerzo

夕食

la cena

チケット

el billete

エレベーター

el ascensor

スタンプ

el sello

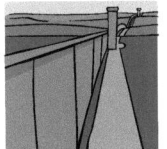

境界

la frontera

税関

la aduana

大使館

la embajada

ビザ

la visa

パスポート

el pasaporte

輸送
el transporte

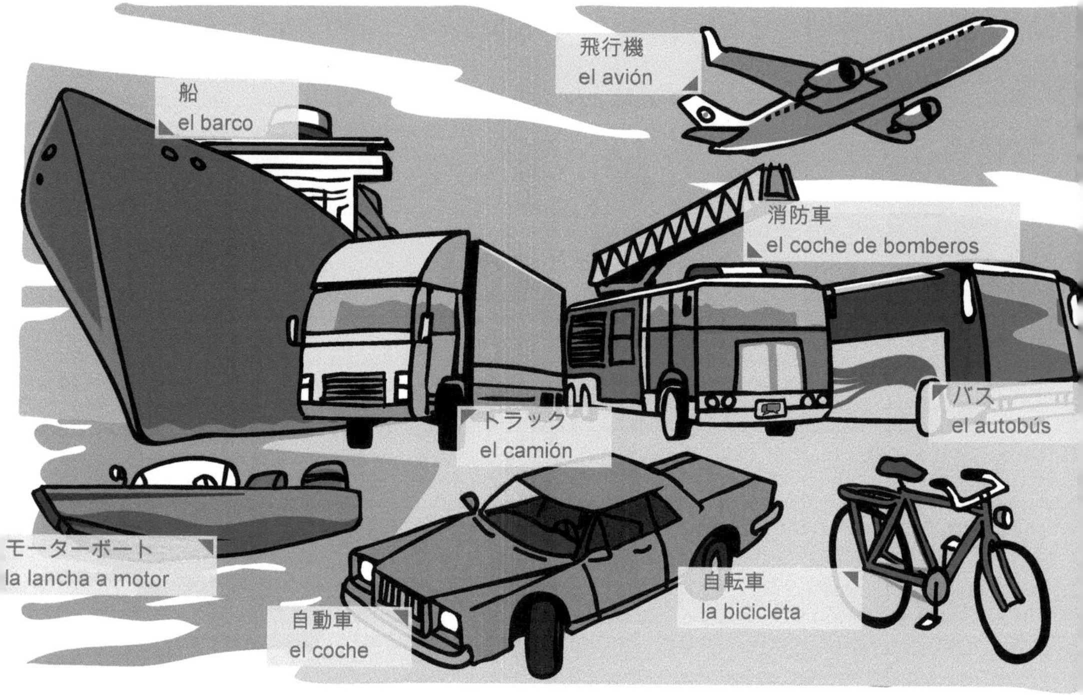

船
el barco

飛行機
el avión

消防車
el coche de bomberos

バス
el autobús

トラック
el camión

モーターボート
la lancha a motor

自転車
la bicicleta

自動車
el coche

フェリー
el transbordador

ボート
la barca

バイク
la moto

パトカー
el coche de policía

レーシングカー
el coche de carreras

レンタカー
el coche de alquiler

カーシェアリング

el préstamo de vehículos

レッカー車

la grúa

ごみ収集車

el camión de la basura

モーター

el motor

燃料

la gasolina

ガソリンスタンド

la gasolinera

交通標識

la señal de tráfico

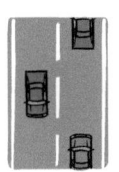

交通

el tráfico

渋滞

el atasco

駐車場

el aparcamiento

駅

la estación de tren

道

las vías

列車

el tren

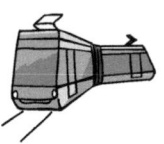

路面電車

el tranvía

車両

el vagón

ヘリコプター
el helicóptero

空港
el aeropuerto

タワー
la torre

乗客
el pasajero

コンテナ
el contenedor

段ボール箱
la caja de cartón

カート
la carretilla

カゴ
la cesta

離陸 / 着陸
despegar / aterrizar

都市

la ciudad

村
el pueblo

都心
el centro de la ciudad

家
la casa

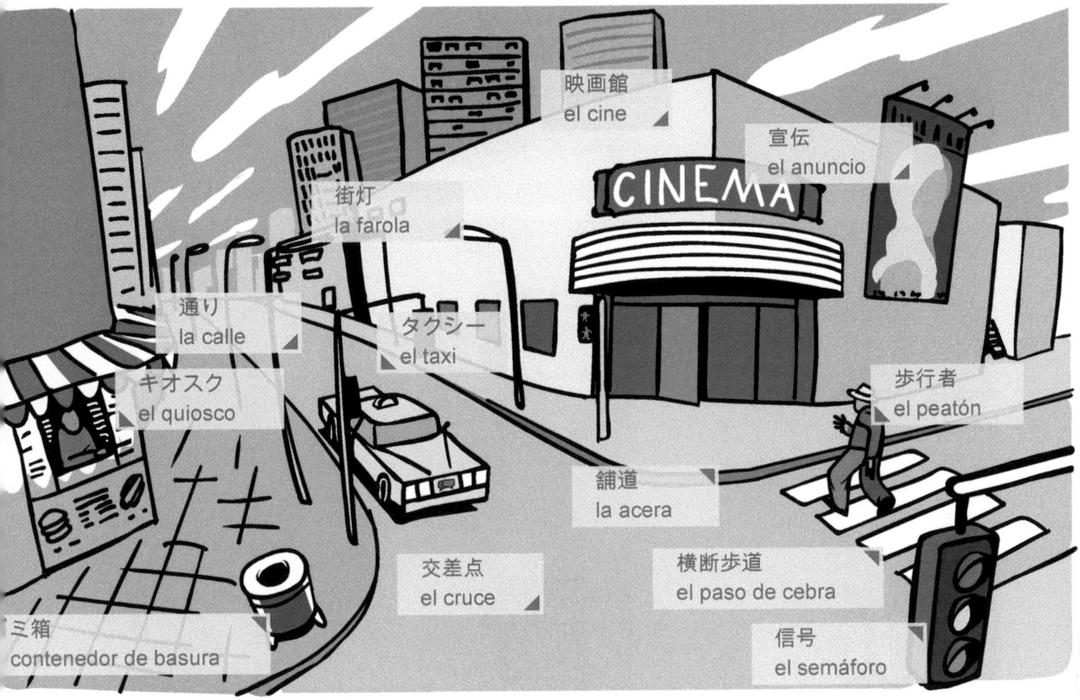
CINEMA
映画館
el cine
宣伝
el anuncio
街灯
la farola
通り
la calle
タクシー
el taxi
キオスク
el quiosco
歩行者
el peatón
舗道
la acera
交差点
el cruce
横断歩道
el paso de cebra
ミ箱
contenedor de basura
信号
el semáforo

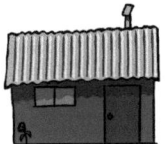

小屋

la cabaña

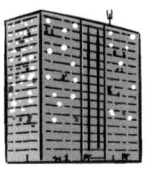

アパート

el apartamento

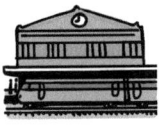

駅

la estación de tren

市役所

el ayuntamiento

MUSEUM

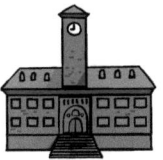

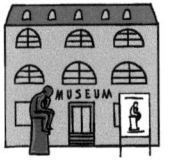

美術館

el museo

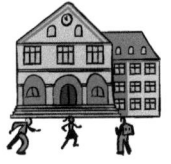

学校

la escuela

大学

la universidad

銀行

el banco

病院

el hospital

ホテル

el hotel

薬局

la farmacia

オフィス

la oficina

書店

la librería

ショップ

la tienda de campaña

花屋

la floristería

スーパーマーケット

el supermercado

市場

el mercado

デパート

los grandes almacenes

魚屋

la pescadería

ショッピングセンター

el centro comercial

港

el puerto

公園

el parque

ベンチ

el banco

橋

el puente

階段

las escaleras

地下鉄

el metro

トンネル

el túnel

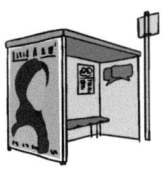

バス停

la parada de autobús

バー

el bar

レストラン

el restaurante

ポスト

el buzón

道路標識

el poste indicador

パーキングメーター

el parquímetro

動物園

el zoo

スイミングプール

la piscina

モスク

la mezquita

農場

la granja

汚染

la contaminación

墓地

el cementerio

教会

la iglesia

遊び場

el patio de juego

寺

el templo

風景

el paisaje

葉
la hoja

道標
la señal

道
el camino

草地
el prado

石
la piedra

木
el árbol

ハイカー
el excursionista

川
el río

草
la hierba

花
la flor

谷
el valle

山
la colina

湖
el lago

森
el bosque

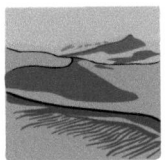

砂漠
el desierto

火山
el volcán

城
el castillo

虹
el arcoíris

キノコ
el champiñón

ヤシの木
la palmera

蚊
el mosquito

ハエ
la mosca

蟻
la hormiga

ミツバチ
la abeja

クモ
la araña

カブトムシ

el escarabajo

蛙

la rana

リス

la ardilla

ハリネズミ

el erizo

ウサギ

la liebre

フクロウ

la lechuza

鳥

el pájaro

白鳥

el cisne

雄豚

el jabalí

鹿

el ciervo

ヘラジカ

el alce

ダム

la presa

風力タービン

la turbina eólica

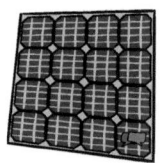

ソーラーパネル

el panel solar

気候

el clima

レストラン

el restaurante

ウェイター
el camarero

メニュー
el menú

椅子
la silla

スープ
la sopa

ピザ
la pizza

刃物類
la cubertería

テーブルクロス
el mantel

前菜
el primer plato

メインコース
el plato principal

デザート
el postre

飲み物
las bebidas

食べ物
la comida

ボトル
la botella

ファストフード

la comida rápida

屋台の食べ物

la comida callejera

ティーポット

la tetera

砂糖入れ

el azucarero

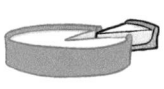

一人前

la porción

エスプレッソマシン

la cafetera expreso

幼児用食事椅子

la trona

請求書

la cuenta

トレー

la bandeja

ナイフ

el cuchillo

フォーク

el tenedor

スプーン

la cuchara

ティースプーン

la cucharilla

ナプキン

la servilleta

グラス

el vaso

皿
el plato

スープ皿
el plato hondo

受け皿
el platillo

ソース
la salsa

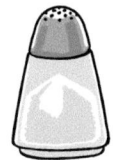

塩入れ
el salero

ペッパーミル
el molinillo de pimienta

酢
el vinagre

油
el aceite

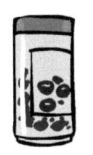

スパイス
las especias

ケチャップ
el ketchup

マスタード
la mostaza

マヨネーズ
la mayonesa

レストラン - el restaurante

スーパーマーケット
el supermercado

特価品
la oferta especial
FOR
顧客
el cliente
乳製品
los lácteos
果物
la fruta
ショッピング・カート
el carro de compra

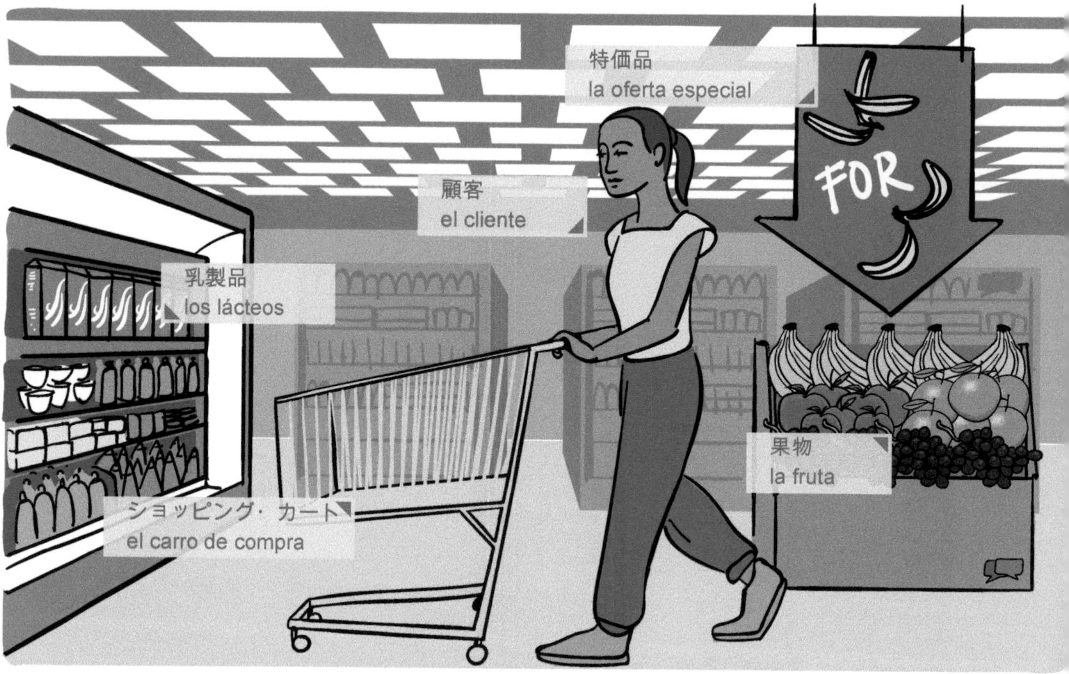

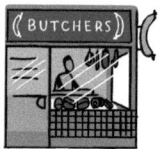

BUTCHERS

肉屋

la carniceria

BAKERY

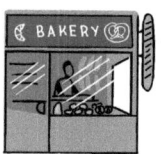

パン屋

la panadería

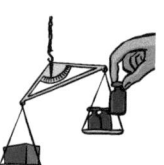

重さをはかる

pesar

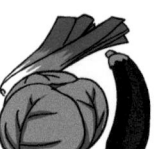

野菜

las verduras

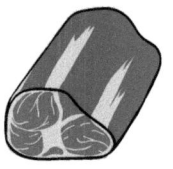

肉

la carne

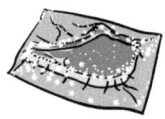

冷凍食品

los alimentos congelados

冷肉の薄切り
los fiambres

缶詰食品
las conservas

洗剤
el detergente en polvo

菓子
los dulces

家庭用品
productos de uso doméstico

清掃用品
productos de limpieza

販売員
la vendedora

現金箱
la caja de cartón

レジ係
el cajero

買い物リスト
la lista de la compra

開館時刻
el horario de atención al
público

財布
la cartera

クレジットカード
la tarjeta de crédito

バッグ
la bolsa de plástico

ポリ袋
la bolsa de plástico

水

el agua

ジュース

el zumo

牛乳

la leche

コーラ

la cola

ワイン

el vino

ビール

la cerveza

アルコール

el alcohol

ココア

el cacao

紅茶

el té

コーヒー

el café

エスプレッソ

el expreso

カプチーノ

el capuchino

バナナ

el plátano

リンゴ

la manzana

オレンジ

la naranja

メロン

el melón

レモン

el limón

ニンジン

la zanahoria

ニンニク

el ajo

竹

el bambú

玉ねぎ

la cebolla

キノコ

el champiñón

ナッツ

las avellanas

ヌードル

los fideos

スパゲッティ

las espagueti

米

el arroz

サラダ

la ensalada

フライドポテト

las patatas fritas

フライドポテト

las patatas fritas

ピザ

la pizza

ハンバーガー

la hamburguesa

サンドウィッチ

el sándwich

カツレツ

el filete

ハム

el jamón

サラミ

le salami

ソーセージ

la salchicha

鶏肉

el pollo

焼き

el asado

魚

el pescado

麦のお粥

los copos de avena

ムーズリ

el muesli

コーンフレーク

los copos de maíz

小麦粉

la harina

クロワッサン

el cruasán

ロールパン

el panecillo

パン

el pan

トースト

la tostada

ビスケット

las galletas

バター

la mantequilla

カッテージチーズ

la cuajada

ケーキ

el pastel

卵

el huevo

目玉焼き

el huevo frito

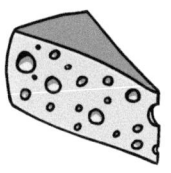

チーズ

el queso

アイスクリーム

el helado

砂糖

el azúcar

はちみつ

la miel

ジャム

la mermelada

ヌガークリーム

la crema de turrón

カレー

el curry

農場
la granja

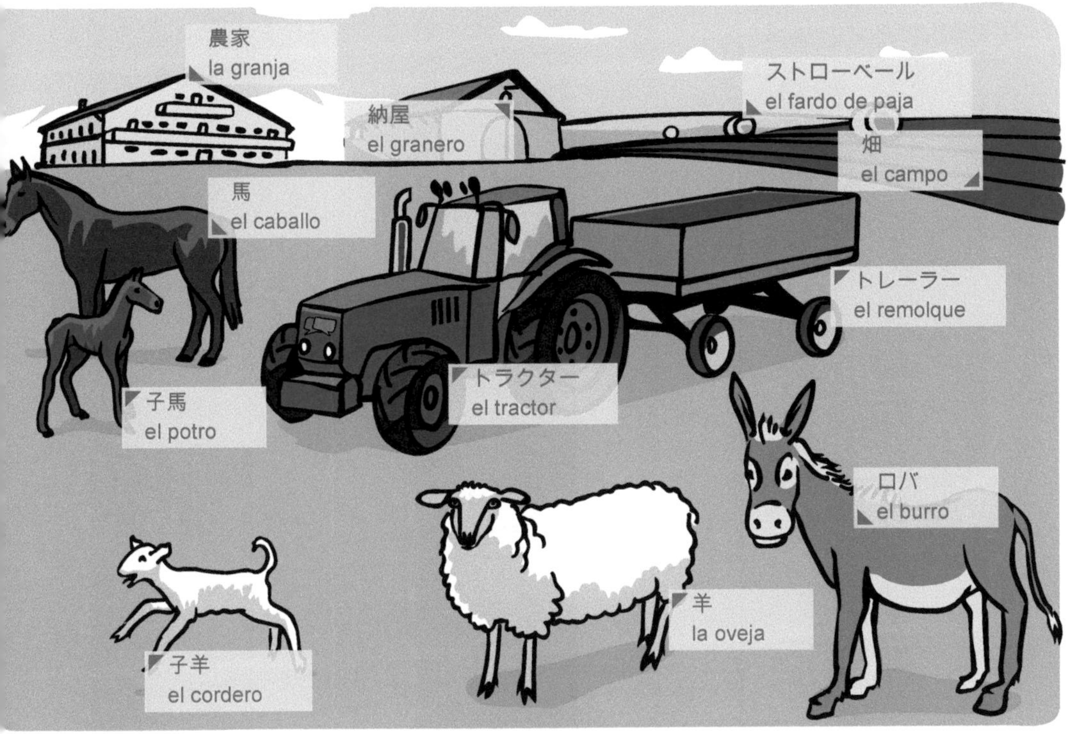

農家
la granja
納屋
el granero
ストローベール
el fardo de paja
畑
el campo
馬
el caballo
トレーラー
el remolque
トラクター
el tractor
子馬
el potro
ロバ
el burro
羊
la oveja
子羊
el cordero

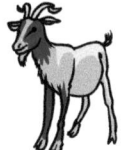

ヤギ
la cabra

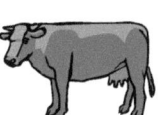

雌牛
la vaca

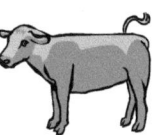

子牛
el ternero

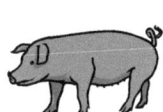

豚
el cerdo

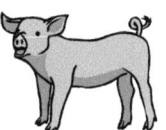

子豚
el cerdito

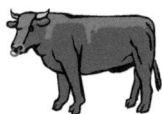

雄牛
el toro

ガチョウ

el ganso

アヒル

el pato

ひよこ

el pollo

にわとり

la gallina

おんどり

el gallo

ネズミ

la rata

猫

el gato

ねずみ

el ratón

雄牛

el buey

犬

el perro

犬小屋

la perrera

散水ホース

la manguera

じょうろ

la regadera

大鎌

la guadaña

すき

el arado

草刈り鎌

la hoz

くわ

la azada

堆肥用フォーク

la horca

斧

el hacha

手押し車

la carretilla

かいばおけ

el abrevadero

牛乳缶

la lechera

袋

el saco

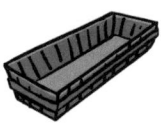

フェンス

la valla

畜舎

el establo

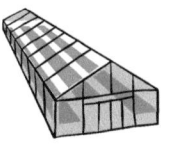

温室

el invernadero

土壌

el suelo

種

la semilla

肥料

el fertilizador

コンバイン

la cosechadora

収穫する

cosechar

収穫

la cosecha

ヤマイモ

el ñame

小麦

el trigo

大豆

el soja

じゃがいも

la patata

トウモロコシ

el maíz

菜種

la semilla de colza

果樹

el árbol frutal

キャッサバ

la mandioca

穀物

las cereales

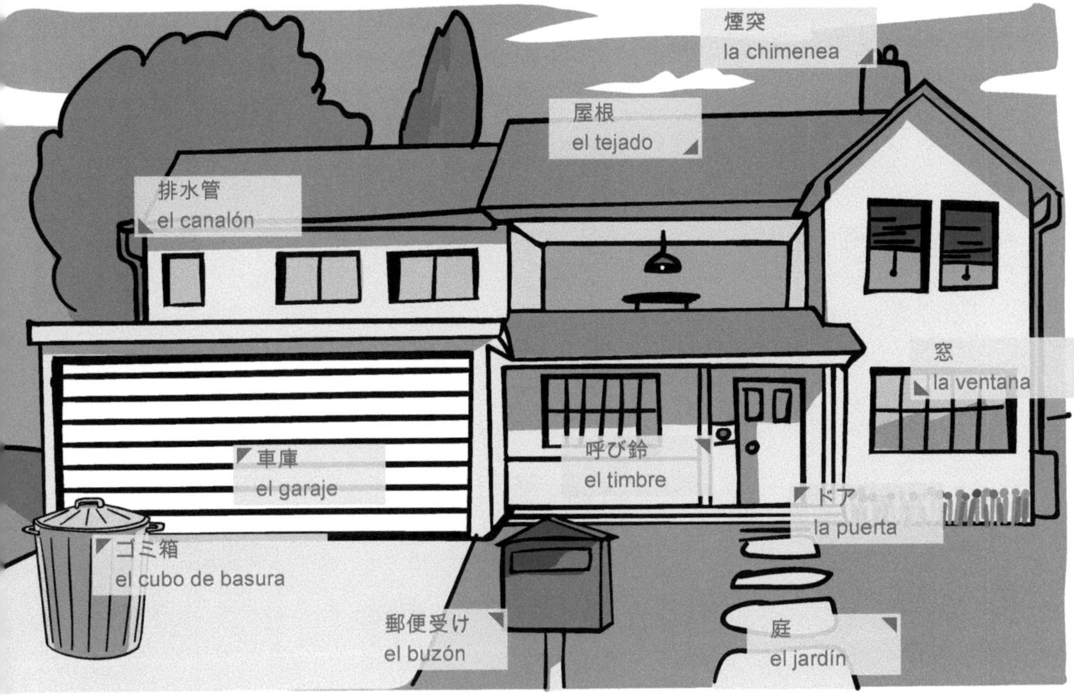

煙突
la chimenea

屋根
el tejado

排水管
el canalón

窓
la ventana

車庫
el garaje

呼び鈴
el timbre

ドア
la puerta

ゴミ箱
el cubo de basura

郵便受け
el buzón

庭
el jardín

リビングルーム
la sala

浴室
el cuarto de baño

台所
la cocina

寝室
el dormitorio

子供部屋
la habitación de los niños

ダイニング・ルーム
el comedor

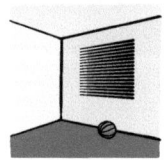

床
el suelo

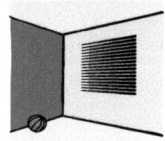

壁
la pared

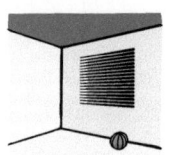

天井
el techo

地下貯蔵庫
el sótano

サウナ
la sauna

バルコニー
el balcón

テラス
la terraza

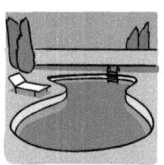

プール
la piscina

芝刈り機
el cortacésped

シーツ
la sábana

ベッドカバー
la colcha

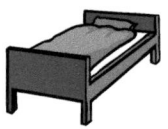

ベッド
la cama

ほうき
la escoba

バケツ
el balde

スイッチ
el interruptor

リビングルーム
la sala

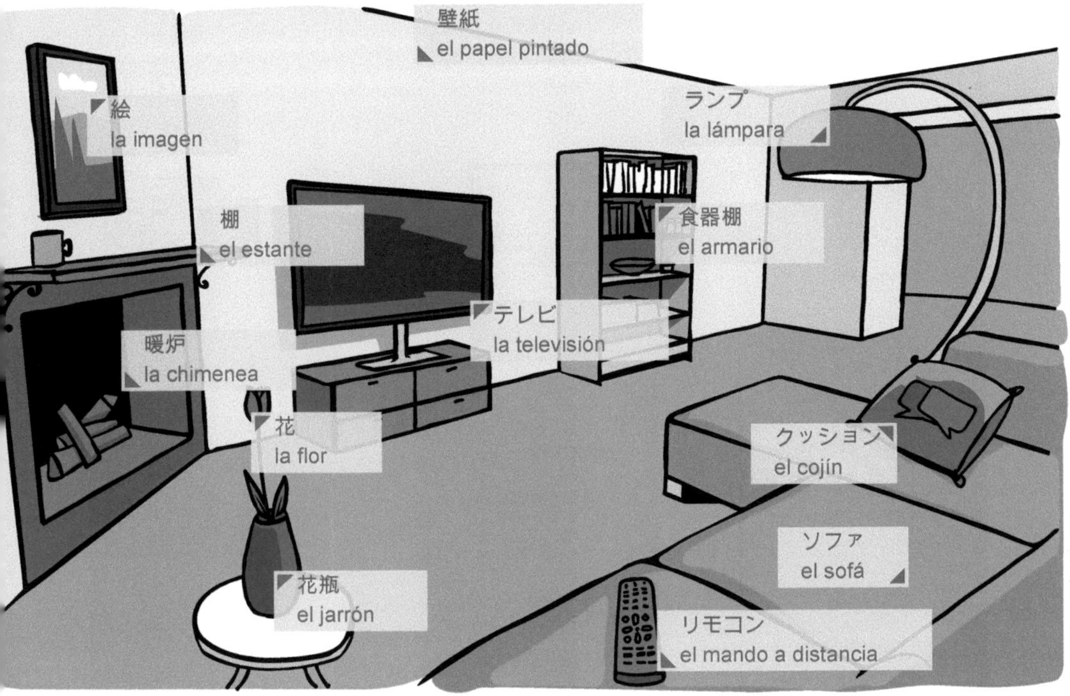
壁紙
el papel pintado
絵
la imagen
ランプ
la lámpara
棚
el estante
食器棚
el armario
テレビ
la televisión
暖炉
la chimenea
花
la flor
クッション
el cojín
ソファ
el sofá
花瓶
el jarrón
リモコン
el mando a distancia

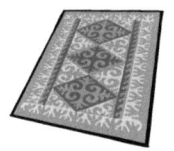

カーペット

la alfombra

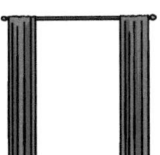

カーテン

la cortina

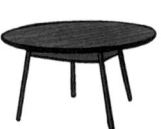

テーブル

la mesa

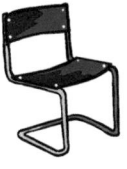

椅子

la silla

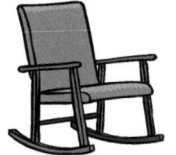

ロッキングチェア

el mecedora

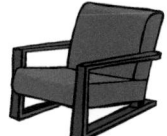

ひじ掛け椅子

la butaca

本

el libro

毛布

la manta

飾り

la decoración

たきぎ

la leña

映画

la película

ステレオ

el equipo de música

鍵

la llave

新聞

el periódico

絵画

la pintura

ポスター

el póster

ラジオ

la radio

メモ帳

el cuaderno

掃除機

la aspiradora

サボテン

el cactus

ろうそく

la vela

台所
la cocina

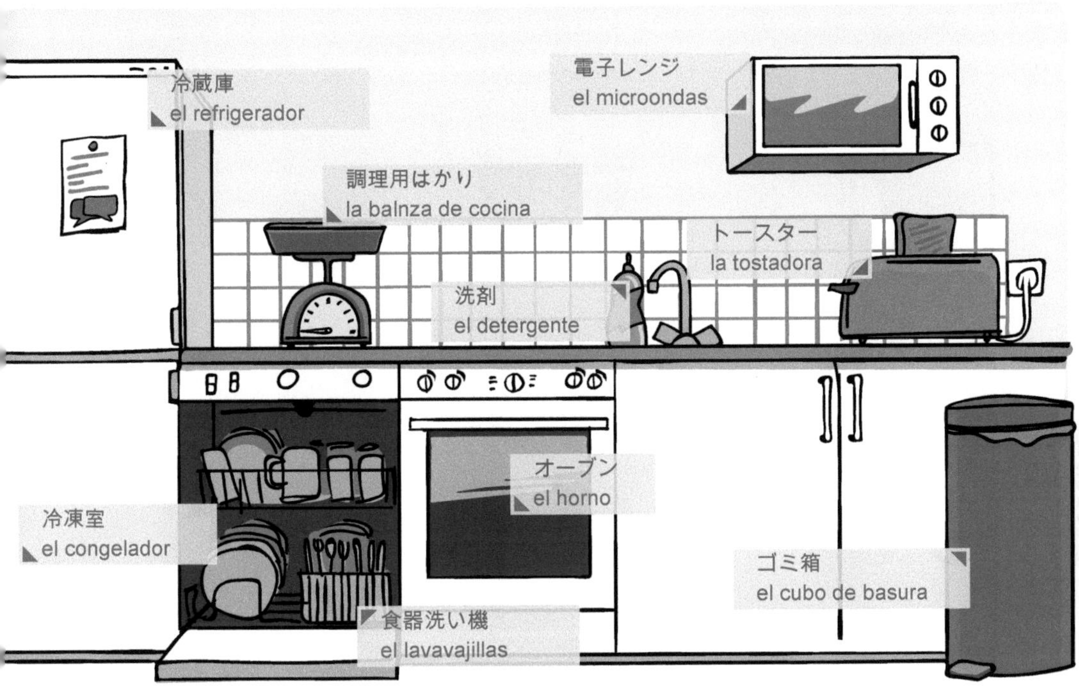
冷蔵庫
el refrigerador
電子レンジ
el microondas
調理用はかり
la balnza de cocina
トースター
la tostadora
洗剤
el detergente
オーブン
el horno
冷凍室
el congelador
ゴミ箱
el cubo de basura
食器洗い機
el lavavajillas

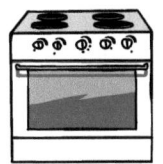

こんろ

la olla a presión

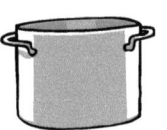

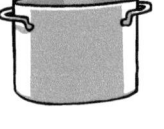

鍋

la olla

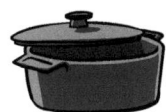

鉄鍋

la olla de hierro fundido

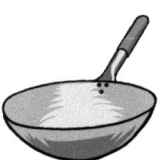

中華鍋/ カダイ鍋

el wok

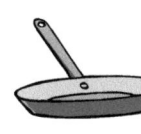

フライパン

la cazuela

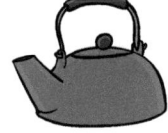

やかん

el hervidor

蒸し器

la vaporera

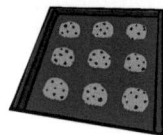

天板

la chapa de horno

食器

la vajilla

マグカップ

la taza

ボウル

el tazón

箸

los palillos

おたま

el cucharón

へら

la espumadera

泡立て器

el batidor

こし器

el colador

ふるい

el cedazo

すりおろし器

el rallador

すり鉢

el mortero

バーベキュー

la barbacoa

かまど

la hoguera

まな板

la tabla de picar

麺棒

el rodillo

栓抜き

el sacacorchos

缶

la lata

缶切り

el abrelatas

鍋つかみ

el agarrador

流し

el lavabo

ブラシ

el cepillo

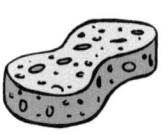

スポンジ

la esponja

ミキサー

la batidora

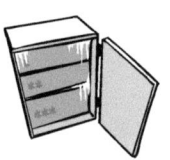

冷凍庫

el congelador

哺乳瓶

el biberón

蛇口

el grifo

台所 - la cocina

浴室

el cuarto de baño

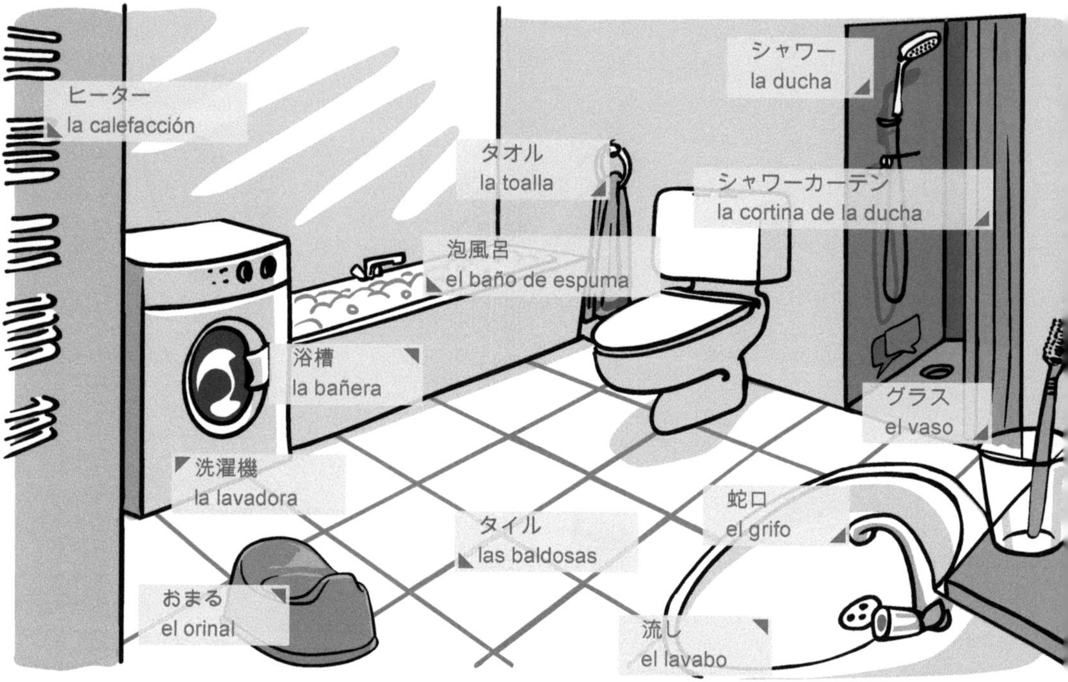

ヒーター
la calefacción
タオル
la toalla
シャワー
la ducha
シャワーカーテン
la cortina de la ducha
泡風呂
el baño de espuma
浴槽
la bañera
グラス
el vaso
洗濯機
la lavadora
蛇口
el grifo
タイル
las baldosas
おまる
el orinal
流し
el lavabo

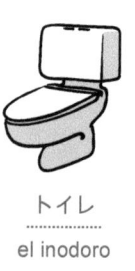

トイレ

el inodoro

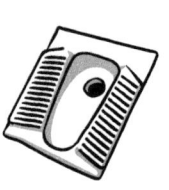

和式トイレ

el inodoro rústico

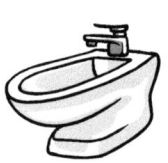

ビデ

el bidé

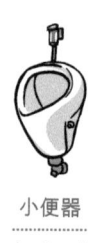

小便器

el urinario

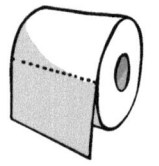

トイレットペーパー

el papel higiénico

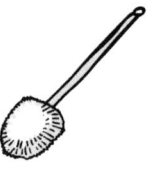

トイレブラシ

la escobilla del váter

歯ブラシ

el cepillo de dientes

歯みがき

la pasta de dientes

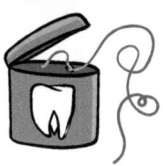

デンタルフロス

el hilo dental

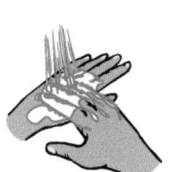

洗う

lavar

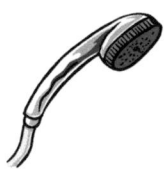

シャワーヘッド

la ducha de mano

ハンドビデ

la ducha íntima

洗面台

la pila

ボディブラシ

el cepillo de espalda

石鹸

el jabón

シャワー用ジェル

el gel de ducha

シャンプー

el champú

浴用タオル

la toallita

排水口

el desagüe

クリーム

la crema

消臭

el desodorante

浴室 - el cuarto de baño

鏡

el espejo

手鏡

el espejo de tocador

かみそり

la maquinilla de afeitar

シェービング・フォーム

la espuma de afeitar

アフターシェーブローショ

la loción postafeitado

櫛

el peine

ブラシ

el cepillo

ドライヤー

el secador

ヘアスプレー

la laca

化粧

el maquillaje

口紅

el pintalabios

マニキュア

el pintauñas

脱脂綿

el algodón

爪切り

el cortauñas

香水

el perfume

洗面用具入れ

el estuche de viaje

スツール

la banqueta

体重計

la balanza

バスローブ

el albornoz

ゴム手袋

los guantes de goma

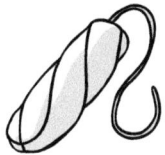

タンポン

el tampón

生理用ナプキン

la compresa

ケミカルトイレ

el inodoro químico

子供部屋

la habitación de los niños

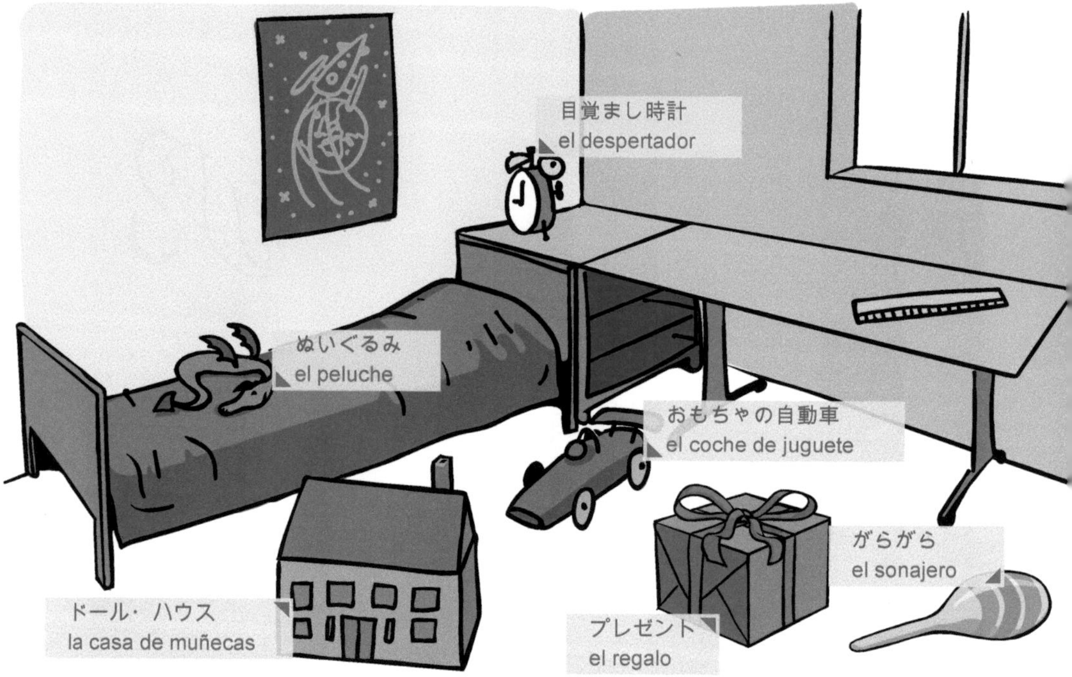

目覚まし時計
el despertador
ぬいぐるみ
el peluche
おもちゃの自動車
el coche de juguete
がらがら
el sonajero
ドール・ハウス
la casa de muñecas
プレゼント
el regalo

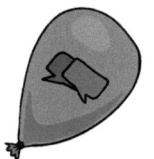

風船

el globo

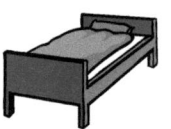

ベッド

la cama

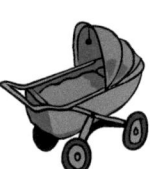

ベビーカー

el coche de niño

カードゲーム

los naipes

ジグソーパズル

el puzle

SUPER MEGA

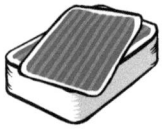

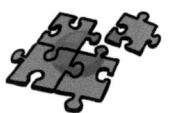

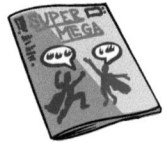

漫画

el tebeo

レゴ
las piezas de lego

玩具ブロック
los bloques de juguete

アクションフィギュア
la figura de acción

ロンパース
el bodi (de bebé)

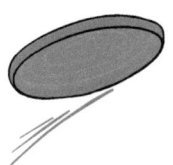

フリスビー
el frisbee

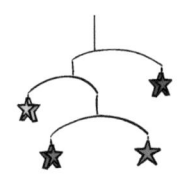

モバイル
el colgador móvil para bebés

ボードゲーム
el juego de mesa

さいころ
los dados

鉄道模型
el circuito de tren eléctrico

おしゃぶり
el maniquí

パーティー
la fiesta

絵本
el álbum de fotos

ボール
la pelota

人形
la muñeca

遊ぶ
jugar

砂場

el cajón de arena

ブランコ

el columpio

おもちゃ

los juguetes

ゲーム機

la videoconsola

三輪車

el triciclo

テディベア

el oso de peluche

衣装ダンス

la guardarropa

衣服

la ropa

靴下

los calcetines

ストッキング

las medias

タイツ

los leotardos

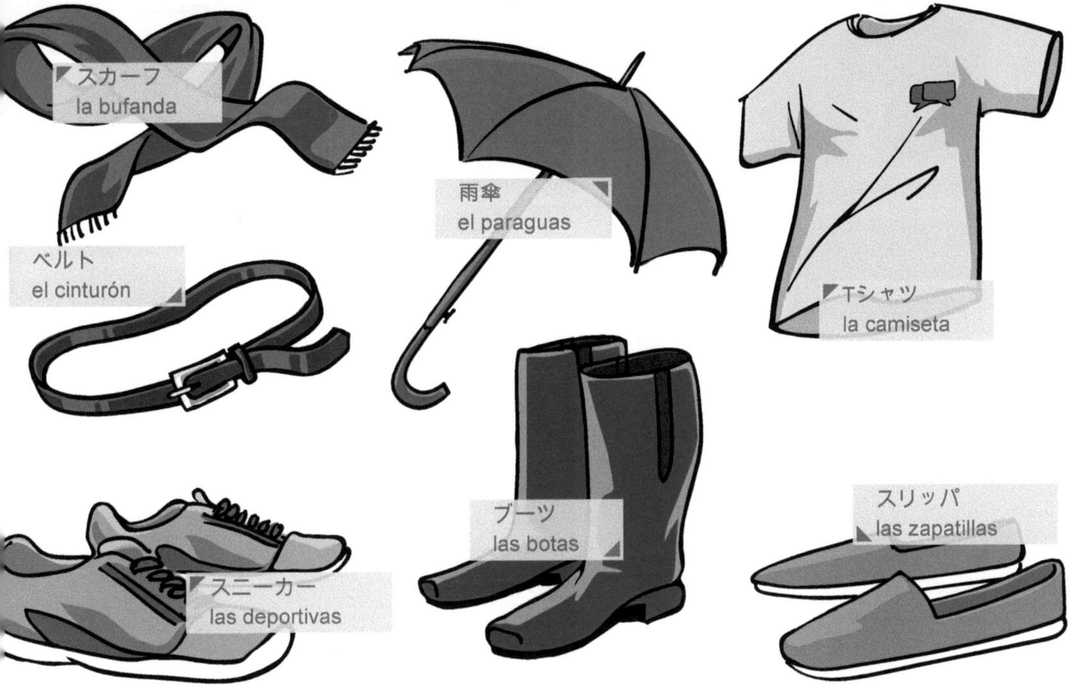

スカーフ
la bufanda

ベルト
el cinturón

雨傘
el paraguas

Tシャツ
la camiseta

スニーカー
las deportivas

ブーツ
las botas

スリッパ
las zapatillas

サンダル

las sandalias

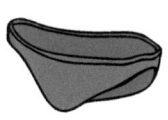

靴

los zapatos

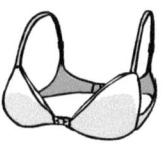

ゴム長靴

las botas de goma

パンツ

el slip

ブラ

el sostén

ベスト

el chaleco

ボディースーツ

el bodi

ズボン

los pantalones cortos

ジーンズ

los vaqueros

スカート

la falda

ブラウス

la blusa

シャツ

la camisa

セーター

el jersey

パーカー

el suéter

ブレザー

el blazer

ジャケット

la chaqueta

コート

el abrigo

レインコート

la gabardina

服装

el traje

ドレス

el vestido

ウェディングドレス

el vestido de novia

スーツ

el traje

ナイトガウン

el camisón

パジャマ

el pijama

サリー

el sati

ヘッドスカーフ

el bandana

ターバン

el turbante

ブルカ

la burka

カフタン

el caftán

アバヤ

la abaya

水着

el traje de baño

トランクス

el bañador

半ズボン

los pantalones cortos

スウェットスーツ

el chándal

エプロン

el delantal

手袋

los guantes

衣服 - la ropa

ボタン

el botón

メガネ

las gafas

ブレスレット

el brazalete

ネックレス

el collar

指輪

el anillo

イヤリング

el pendiente

帽子

la gorra

ハンガー

la percha

帽子

el sombrero

ネクタイ

la corbata

ファスナー

la cremallera

ヘルメット

el casco

サスペンダー

los tirantes

制服

el uniforme

ユニフォーム

el uniforme

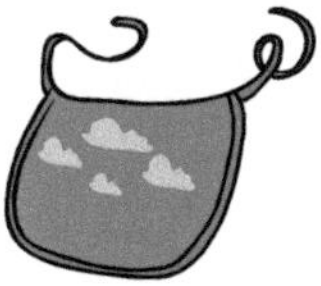

よだれかけ

el babero

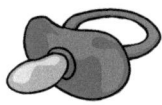

おしゃぶり

el maniquí

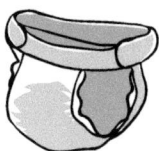

おむつ

el pañal

オフィス
la oficina

サーバ
el servidor
書類キャビネット
el archivo
プリンター
la impresora
紙
el papel
モニター
el monitor
マウス
el ratón
事務机
el escritoria
フォルダー
la carpeta
キーボード
el teclado
椅子
la silla
ごみ箱
la papelera
コンピューター
el ordenador

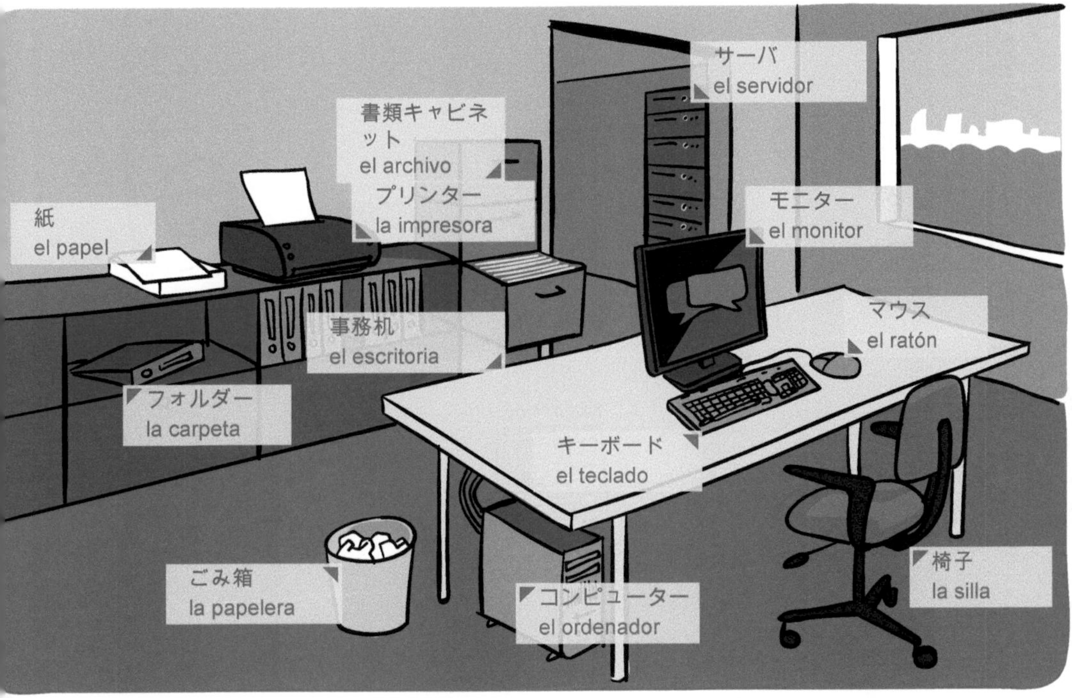

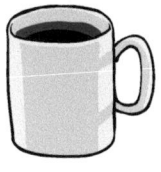

コーヒーマグ

la taza de café

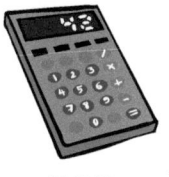

計算機

la calculadora

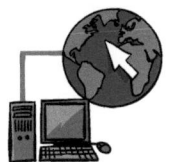

インターネット

el internet

ラップトップ

el portátil

手紙

la carta

メッセージ

el mensaje

携帯電話

el móvil

ネットワーク

la red

コピー機

la fotocopiadora

ソフトウェア

el software

電話

el teléfono

コンセント

la toma de corriente

ファックス

el fax

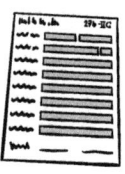

フォーム

el formulario

書類

el documento

買う

comprar

支払う

pagar

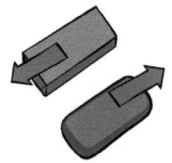

取引する

comerciar

お金

el dinero

ドル

el dólar

ユーロ

el euro

円

el yen

ルーブル

el rublo

スイスフラン

el franco suizo

人民元

el renminbi yuan

ルピー

la rupia

キャッシュポイント

el cajero automático

両替所

la oficina de cambio de divisas

金

el oro

銀

la plata

油

el petróleo

エネルギー

la energía

価格

el precio

契約

el contrato

税金

el impuesto

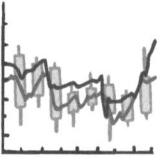

株

la acción

働く

trabajar

従業員

el empleador

雇用主

el empleador

工場

la fábrica

ショップ

la tienda de campaña

職業
los oficios

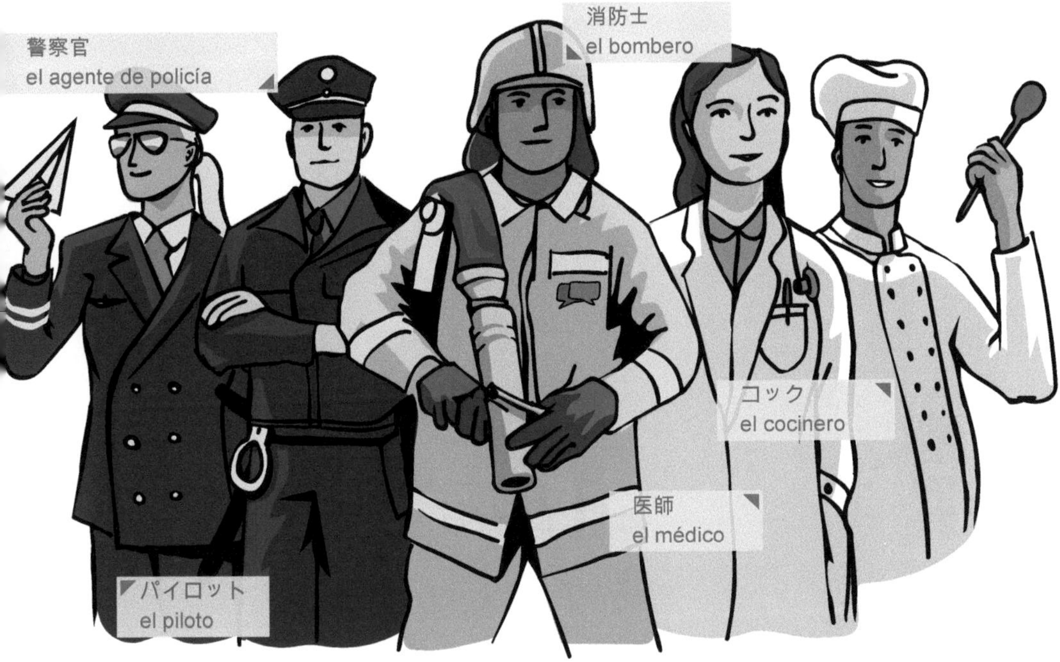

警察官
el agente de policía
消防士
el bombero
コック
el cocinero
医師
el médico
パイロット
el piloto

庭師

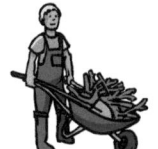

el jardinero

大工

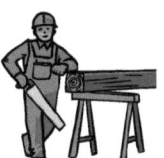

el carpintero

お針子

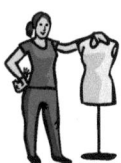

la costurera

裁判官

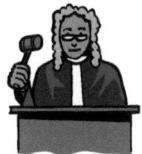

el juez

化学者

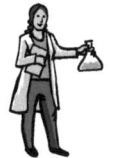

el farmacéutico

俳優

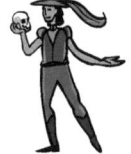

el actor

バスの運転手

el conductor de autobús

掃除婦

la señora de la limpieza

屋根ふき職人

el techador

ウェイター

el camarero

ハンター

el cazador

塗装工

el pintor

パン屋

el panadero

電気工

el electricista

建設作業員

el obrero

エンジニア

el ingeniero

肉屋

el carnicero

配管工

el fontanero

郵便配達人

el cartero

タクシー運転手

el taxista

漁師

el pescador

軍人

el soldado

建築家

el arquitecto

レジ係

el cajero

花屋

el florista

美容師

el peluquero

車掌

el revisor

機械工

el mecánico

キャプテン

el capitán

歯科医

el dentista

科学者

el científico

ラビ

el rabino

イスラム導師

el imán

修道士

el monje

牧師

el sacerdote

道具
las herramientas

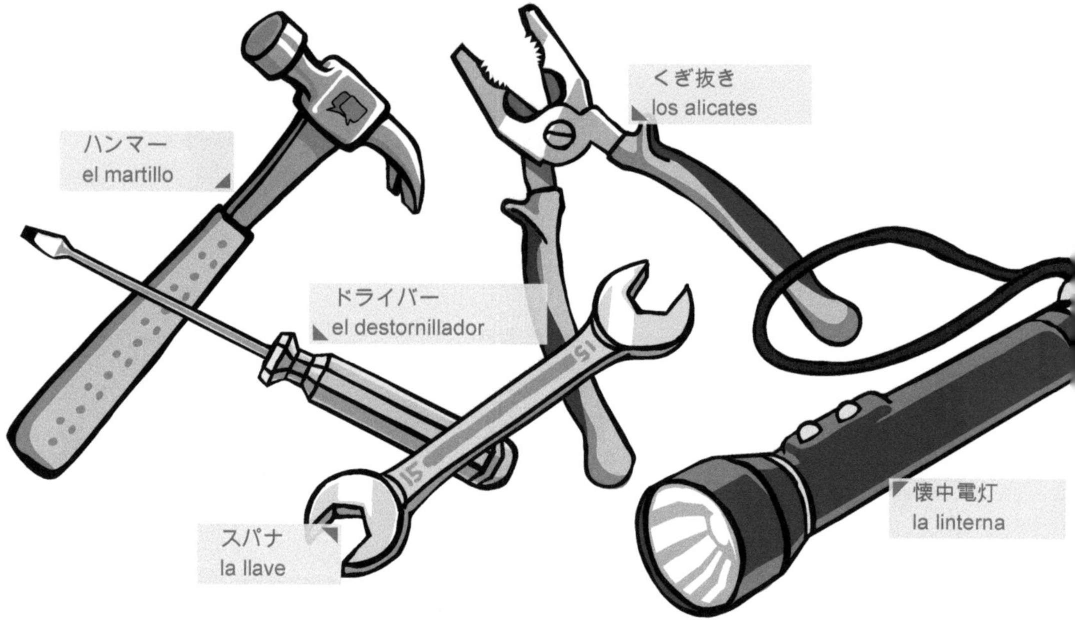
ハンマー
el martillo
くぎ抜き
los alicates
ドライバー
el destornillador
スパナ
la llave
懐中電灯
la linterna

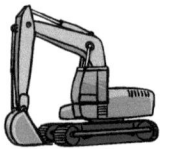

掘削機
la excavadora

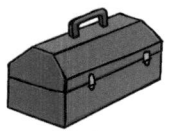

道具箱
la caja de herramientas

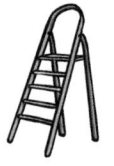

はしご
la escalera de mano

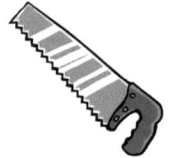

のこぎり
la sierra

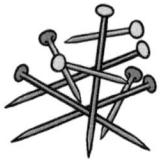

釘
los clavos

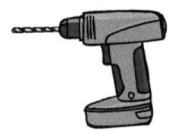

ドリル
el taladro

修理する
reparar

シャベル
la pala

クソ！
¡Maldita sea!

ちりとり
el recogedor

ペンキ缶
el bote de pintura

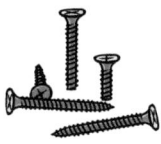

ネジ
los tornillos

楽器
los instrumentos musicales

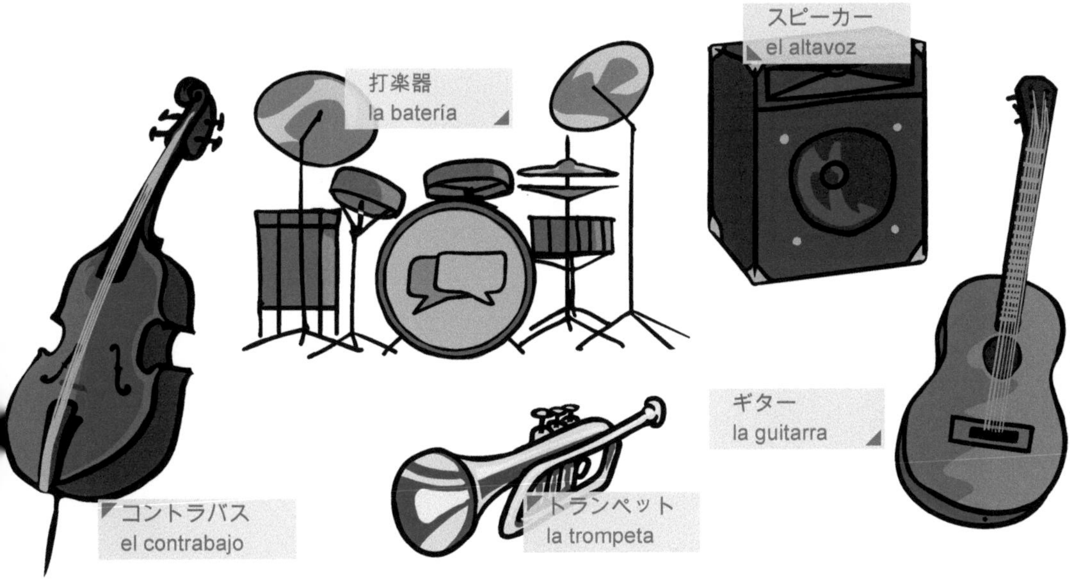

打楽器
la batería

スピーカー
el altavoz

ギター
la guitarra

コントラバス
el contrabajo

トランペット
la trompeta

ピアノ

el piano

バイオリン

el violín

バス

bajo

ティンパニ

los timbales

ドラム

el tambor

キーボード

el teclado

サックス

el saxofón

フルート

la flauta

マイクロフォン

el micrófono

動物園
el zoo

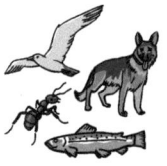

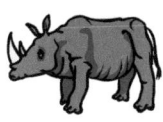

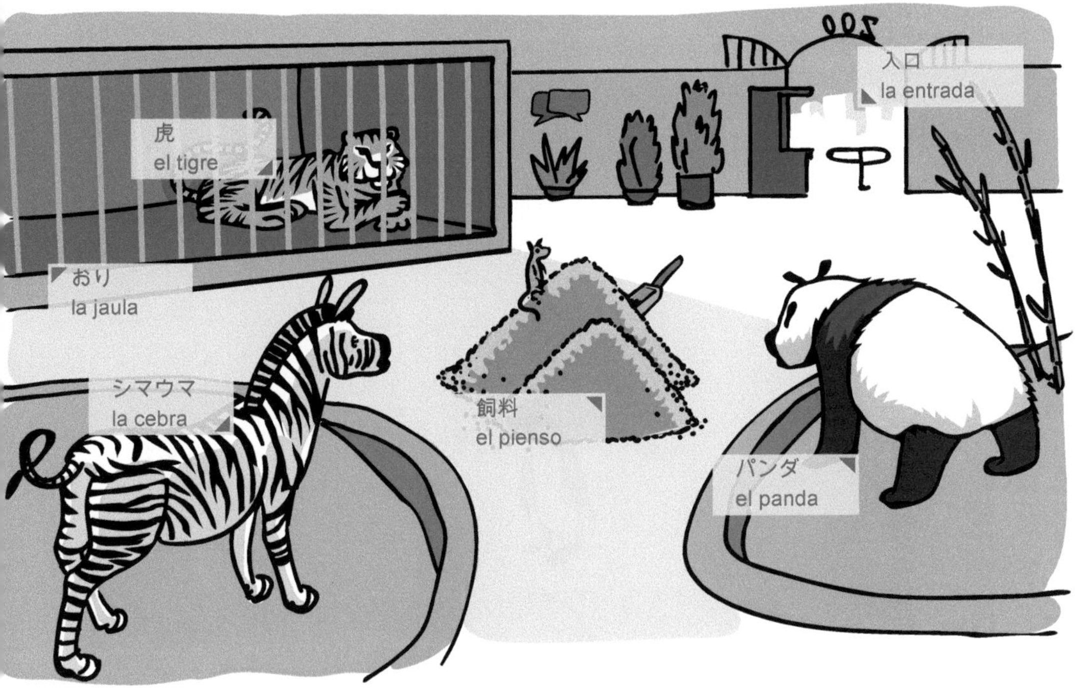
入口
la entrada
虎
el tigre
おり
la jaula
シマウマ
la cebra
飼料
el pienso
パンダ
el panda

動物

los animales

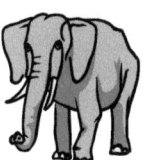

象

el elefante

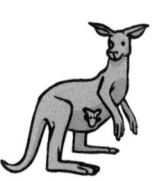

カンガルー

el canguro

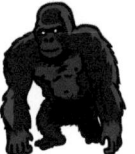

サイ

el rinoceronte

ゴリラ

el gorila

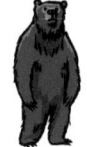

熊

el oso

ラクダ

el camello

ダチョウ

el avestruz

ライオン

el león

猿

el mono

フラミンゴ

el flamingo

オウム

el loro

白クマ

el oso polar

ペンギン

el pingüino

サメ

el tiburón

クジャク

el pavo real

蛇

la serpiente

ワニ

el cocodrilo

飼育係

el guardián de zoológico

アザラシ

la foca

ジャガー

el jaguar

ポニー

el poni

ヒョウ

el leopardo

カバ

el hipopótamo

キリン

la jirafa

鷲

el águila

雄豚

el jabalí

魚

el pescado

亀

la tortuga

セイウチ

la morsa

狐

el zorro

ガゼル

la gacela

スポーツ
los deportes

アメフト
el fútbol americano

サイクリング
el ciclismo

テニス
el tenis

バスケットボール
el baloncesto

水泳
la natación

ボクシング
el boxeo

アイスホッケー
el hockey sobre hielo

サッカー

el fútbol

バドミントン

el bádminton

陸上競技

el atletismo

ハンドボール

el balonmano

スキー

el esquí

ポロ

el polo

笑う
reír

跳ぶ
saltar

抱きしめる
abrazar

歩く
caminar

歌う
cantar

夢見る
soñar

祈る
rezar

キス
besar

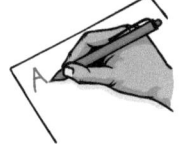

書く
escribir

描く
dibujar

示す
mostrar

押す
empujar

与える
dar

取る
tomar

持っている
tener

する
hacer

ある
ser

立つ
estar de pie

走る
correr

引く
tirar

投げる
tirar

落ちる
caer

横たわっている
yacer

待つ
esperar

運ぶ
llevar

座る
estar sentado

着る
vestirse

眠る
dormir

目が覚める
despertar

見る

mirar

泣く

llorar

なでる

acariciar

櫛ですく

peinar

話す

hablar

理解する

entender

質問する

preguntar

聞く

escuchar

飲む

beber

食べる

comer

片づける

ordenar

愛する

amar

料理する

cocinar

運転する

conducir

飛ぶ

volar

ヨットに乗る

navegar

計算する

calcular

読む

leer

学ぶ

aprender

働く

trabajar

結婚する

casarse

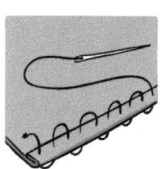

縫う

coser

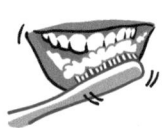

歯を磨く

cepillarse los dientes

殺す

matar

喫煙する

fumar

送る

enviar

家族

la familia

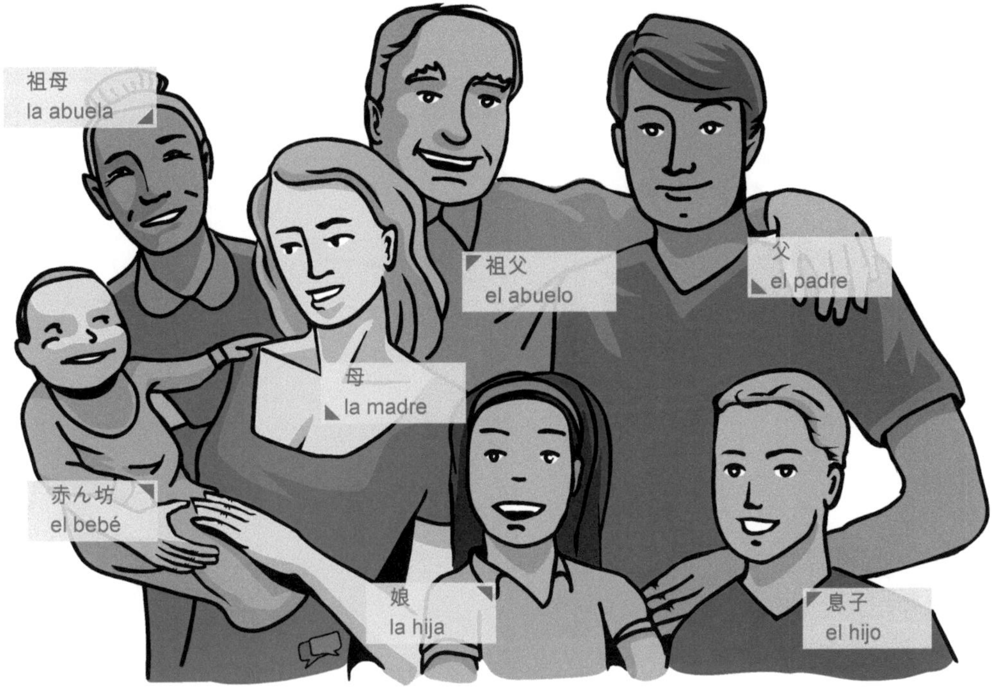
祖母
la abuela
祖父
el abuelo
父
el padre
母
la madre
赤ん坊
el bebé
娘
la hija
息子
el hijo

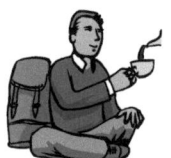

お客様

el invitado

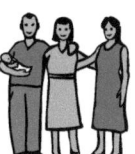

おば

la tía

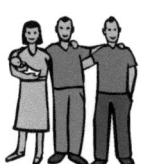

おじ

el tío

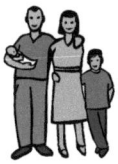

兄弟

el hermano

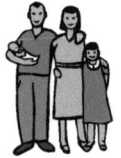

姉妹

la hermana

体

el cuerpo

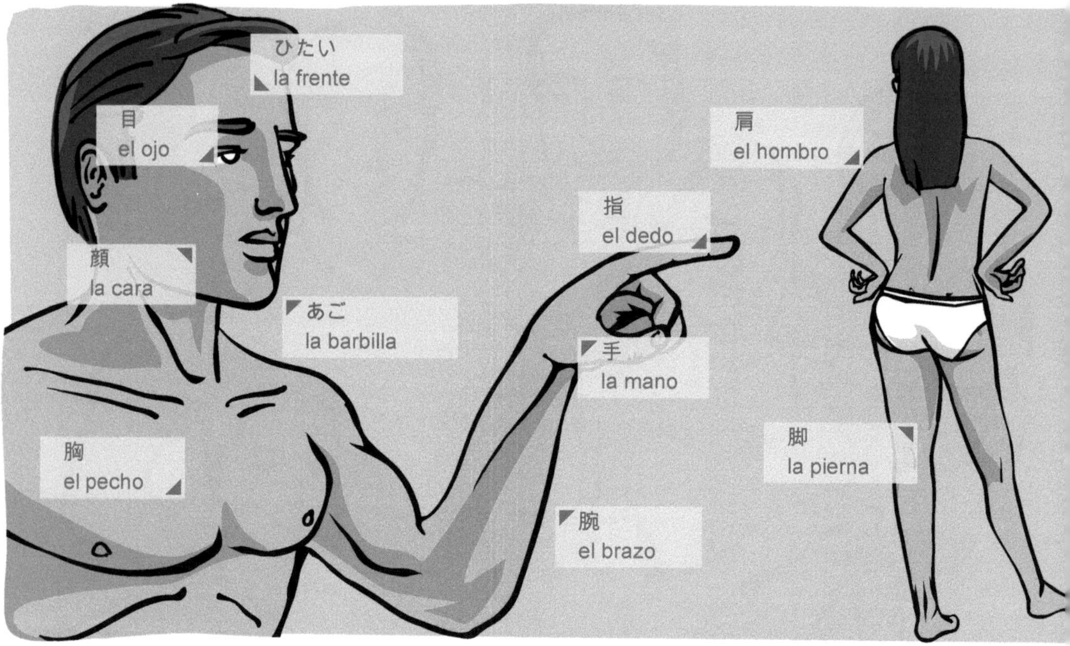

ひたい
la frente

目
el ojo

顔
la cara

あご
la barbilla

胸
el pecho

肩
el hombro

指
el dedo

手
la mano

脚
la pierna

腕
el brazo

赤ん坊
el bebé

男性
el hombre

女性
la mujer

少女
la chica

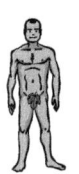

少年
el chico

頭
la cabeza

背中

la espalda

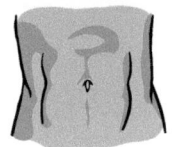

腹

el vientre

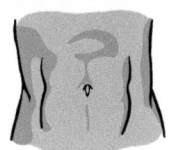

へそ

el ombligo

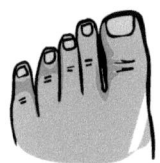

足指

el dedo del pie

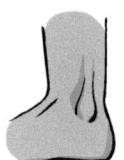

かかと

el talón

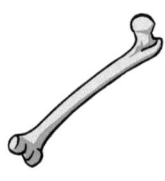

骨

el hueso

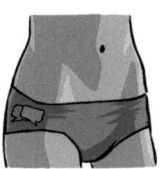

腰

la cadera

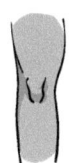

ひざ

la rodilla

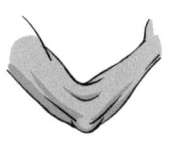

ひじ

el codo

鼻

la nariz

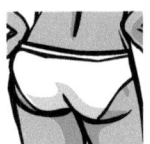

尻

el trasero

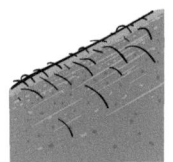

皮膚

la piel

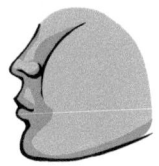

頬

la mejilla

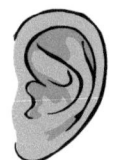

耳

el oído

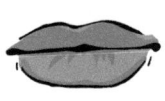

唇

el labio

口
la boca

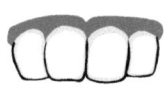

歯
el diente

舌
la lengua

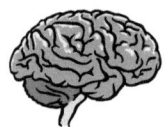

脳
el cerebro

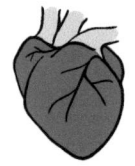

心臓
el corazón

筋肉
el músculo

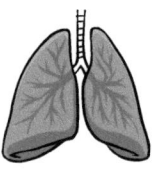

肺
el pulmón

肝臓
el hígado

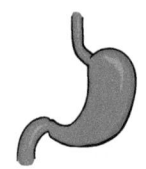

胃
el estómago

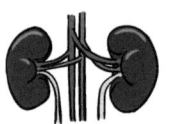

腎臓
los riñones

セックス
el sexo

コンドーム
el condón

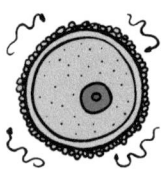

卵細胞
el ovario

精液
el semen

妊娠
el embarazo

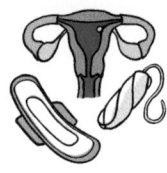

月経

la menstruación

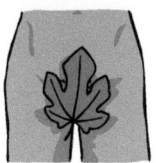

膣

la vagina

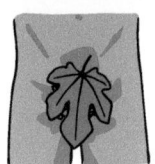

ペニス

el pene

眉

la ceja

髪

el pelo

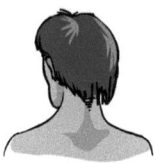

首

el cuello

病院

el hospital

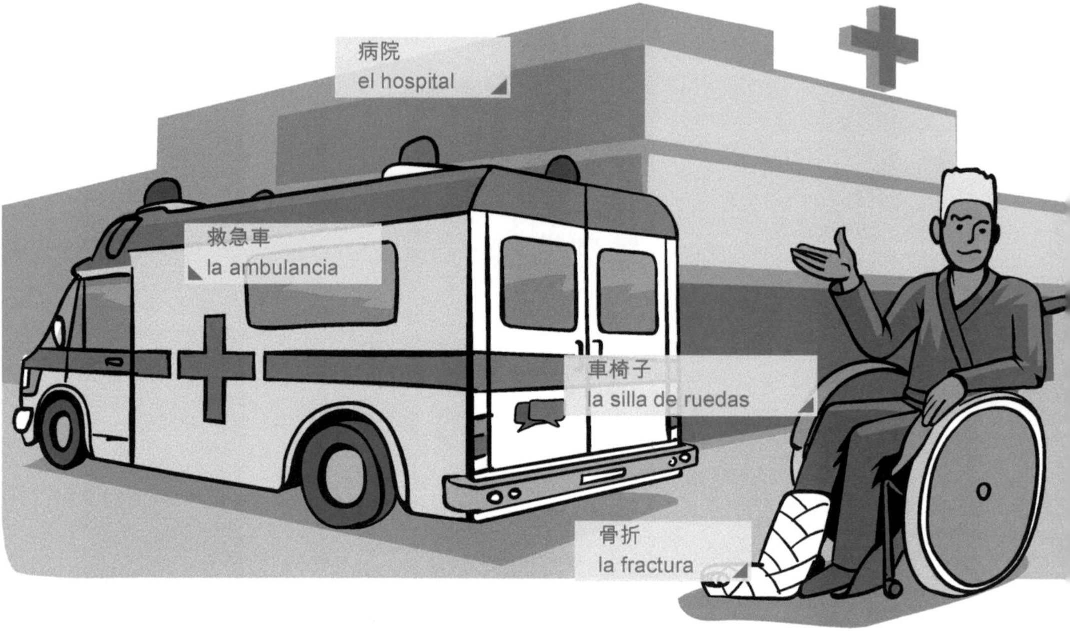

病院
el hospital
救急車
la ambulancia
車椅子
la silla de ruedas
骨折
la fractura

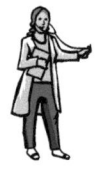

医師

el médico

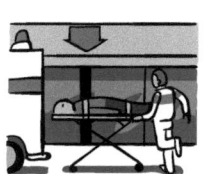

救急治療室

la sala de urgencias

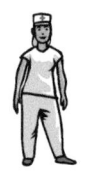

看護師

la enfermera

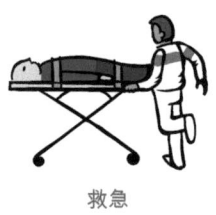

救急

la urgencia

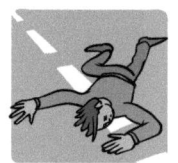

失神

inconsciente

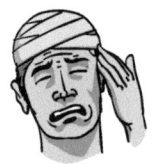

痛み

el dolor

けが

la lesión

出血

la hemorragia

心臓発作

el infarto

脳卒中

el ictus

アレルギー

la alergia

咳

la tos

熱

la fiebre

インフルエンザ

la gripe

下痢

la diarrea

頭痛

el dolor de cabeza

癌

el cáncer

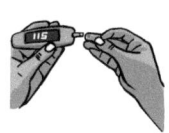

糖尿病

la diabetes

外科医

el cirujano

外科用メス

el bisturí

手術

la operación

CT
TAC

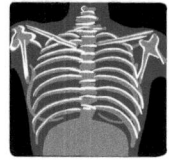

レントゲン
los rayos x

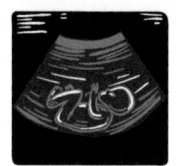

超音波
el ultrasonido

マスク
la mascarilla

病気
la enfermedad

待合室
la sala de espera

松葉づえ
la muleta

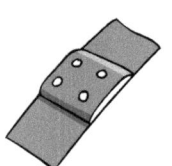

ばんそうこう
la tirita

包帯
la venda

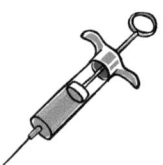

注射
la inyección

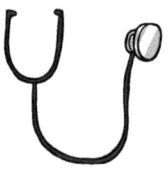

聴診器
el estetoscopio

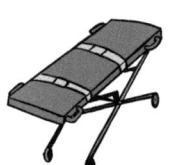

担架
la camilla

体温計
el termómetro

出産
el nacimiento

肥満
el sobrepeso

補聴器
el audífono

消毒剤
el desinfectante

感染
la infección

ウイルス
el virus

HIV / エイズ
VIH / SIDA

内服薬
la medicina

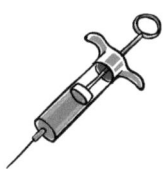

予防接種
la vacunación

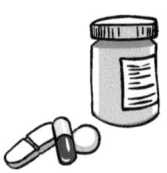

錠剤
las tabletas

ピル
la pastilla

緊急電話
la llamada de urgencia

血圧計
el tensiómetro

病気の ／ 健康な
enfermo / sano

la urgencia

助けて！

¡Socorro!

アラーム

la alarma

暴行

el asalto

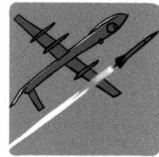

攻撃

el ataque

危険

el peligro

非常口

la salida de emergencia

火事だ！

¡Fuego!

消火器

el extintor de incendios

事故

el accidente

救急箱

el botiquín de primeros auxilios

SOS

SOS

警察

la policía

ヨーロッパ

Europa

北米

Norteamérica

南米

Sudamérica

アフリカ

África

アジア

Asia

オーストラリア

Australia

大西洋

el atlántico

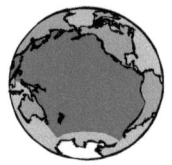

太平洋

el Pacífico

インド洋

el Océano Índico

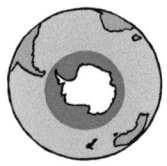

南極海

el Océano Antártico

北極海

el Océano Ártico

北極

el polo norte

南極
el polo sur

南極大陸
La Antártida

地球
la tierra

陸
la tierra

海
el mar

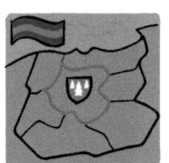

島
la isla

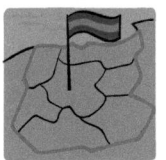

国家
la nación

国家
el estado

文字盤
la esfera

短針
la manecilla de las horas

長針
el minutero

秒針
el segundero

何時ですか？
¿Qué hora es?

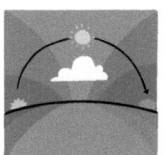

日
el día

時間
el tiempo

現在
ahora

デジタル時計
el reloj digital

分
el minuto

時間
la hora

週

la semana

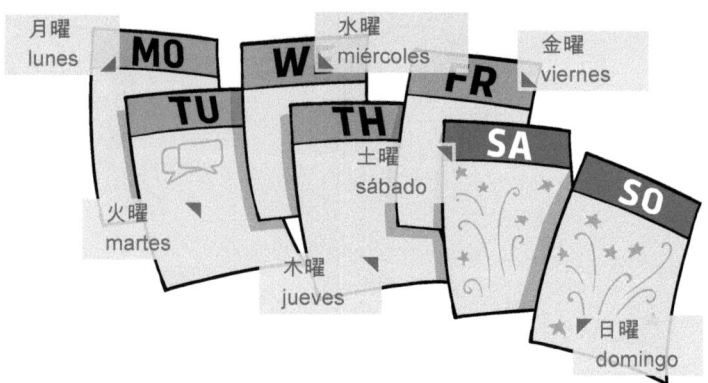

月曜 lunes
火曜 martes
水曜 miércoles
木曜 jueves
金曜 viernes
土曜 sábado
日曜 domingo

昨日
....
ayer

今日
....
hoy

明日
....
mañana

朝
....
la mañana

昼
....
el mediodía

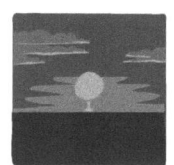

夜
....
la tarde

MO	TU	WE	TH	FR	SA	SU
1	2	3	4	5	6	7
8	9	10	11	12	13	14
15	16	17	18	19	20	21
22	23	24	25	26	27	28
29	30	31	1	2	3	4

営業日
....
los días laborables

週末
....
el fin de semana

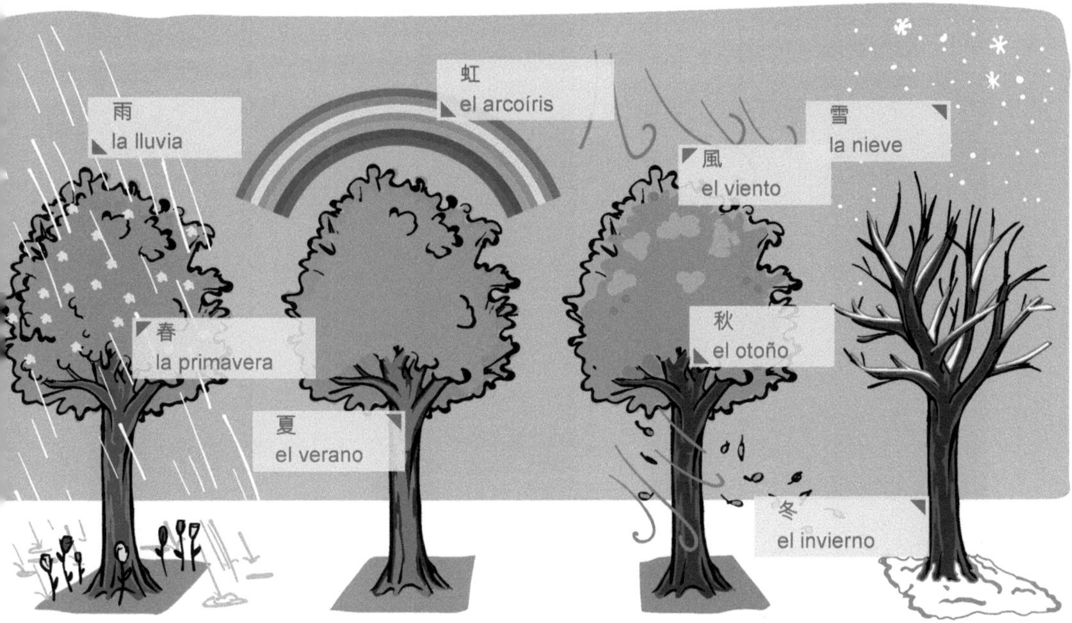

雨
la lluvia

虹
el arcoíris

雪
la nieve

風
el viento

春
la primavera

秋
el otoño

夏
el verano

冬
el invierno

4.APRIL	11°	☀
5.APRIL	4°	☁
6.APRIL	13°	☂
7.APRIL	8°	☀
8.APRIL	10°	☀

天気予報

el pronóstico del tiempo

温度計

el termómetro

日差し

el sol

雲

la nube

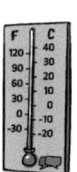

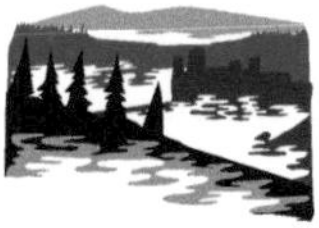

霧

la niebla

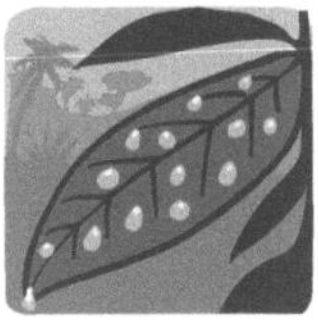

湿度

la humedad

雷

el rayo

雷

el trueno

嵐

la tormenta

ひょう

el granizo

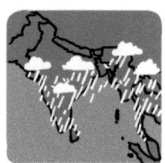

季節風

el monzón

洪水

la inundación

氷

el hielo

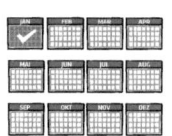

1月

enero

2月

febrero

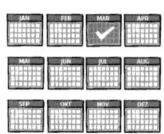

3月

marzo

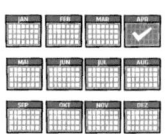

4月

abril

5月

mayo

6月

junio

7月

julio

8月

agosto

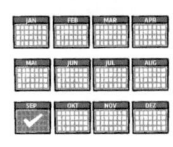

9月
....
septiembre

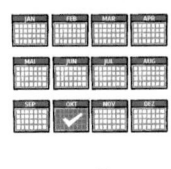

10月
....
octubre

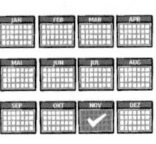

11月
....
noviembre

12月
....
diciembre

形

las formas

円
....
el círculo

正方形
....
el cuadrado

長方形
....
el rectángulo

三角
....
el triángulo

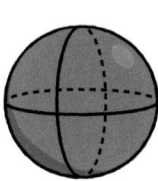

球
....
la esfera

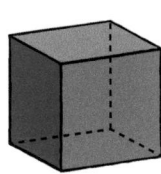

立方体
....
el cubo

色
colores

白
....
blanco

黄
....
amarillo

オレンジ
....
anaranjado

ピンク
....
rosa

赤
....
rojo

紫
....
morado

青
....
azul

緑
....
verde

茶
....
marrón

灰色
....
gris

黒
....
negro

多い ／ 少ない

mucho / poco

怒っている ／
落ち着いている

enojado / tranquilo

美しい ／ 醜い

bonito / feo

初め ／ 終わり

principio / fin

大きい ／ 小さい

grande / pequeño

明るい ／ 暗い

claro / oscuro

兄弟 ／ 姉妹

el hermano / la hermana

清潔な ／ 汚い

limpio / sucio

完全な ／ 不完全な

completo / incompleto

日中 ／ 夜

el día / la noche

死んだ ／ 生きている

muerto / vivo

幅広い ／ 狭い

ancho / estrecho

食べられる ／
食べられない
comestible / no comestible

悪意のある ／ 親切な
malo / amable

興奮している ／
退屈じている
entusiasmado / aburrido

太った ／ 痩せた
gordo / delgado

最初に ／ 最後に
primero / último

友人 ／ 敵
el amigo / el enemigo

いっぱいの ／ 空の
lleno / vacío

硬い ／ 柔らかい
duro / blando

重い ／ 軽い
pesado / ligero

空腹 ／ 喉の渇き
el hambre / la sed

病気の ／ 健康な
enfermo / sano

違法な ／ 合法な
ilegal / legal

賢い ／ 愚かな
inteligente / tonto

左に ／ 右に
izquierda / derecha

近い ／ 遠い
cerca / lejos

新しい / 中古の

nuevo / usado

何もない / 何かある

nada / algo

老いた / 若い

viejo / joven

オン / オフ

encendido / apagado

開いている /
閉まっている

abierto / cerrado

静かな / うるさい

silencioso / ruidoso

裕福な / 貧乏な

rico / pobre

正しい / 間違っている

correcto / incorrecto

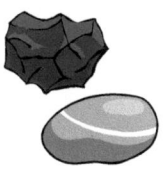

粗い / なめらか

áspero / suave

悲しい / 幸せな

triste / contento

短い / 長い

corto / largo

ゆっくり / 速い

lento / rápido

濡れた / 乾いた

húmedo / seco

温かい / 冷たい

cálido / frío

戦争 / 平和

guerra / paz

反対 - los opuestos

0

ゼロ

cero

1

1

uno

2

2

dos

3

3

tres

4

4

cuatro

5

5

cinco

6

6

seis

7

7

siete

8

8

ocho

9

9

nueve

10

10

diez

11

11

once

12

12
doce

13

13
trece

14

14
catorce

15

15
quince

16

16
dieciséis

17

17
diecisiete

18

18
dieciocho

19

19
diecinueve

20

20
veinte

100

100
cien

1.000

1000
mil

1.000.000

100万
el millón

言語
los idiomas

英語

el inglés

アメリカ英語

el inglés americano

中国標準語

el chino madarín

ヒンディー語

el hindi

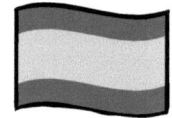

スペイン語

el español

フランス語

el francés

アラビア語

el árabe

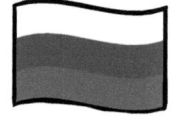

ロシア語

el ruso

ポルトガル語

el portugués

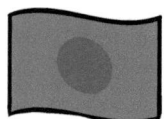

ベンガル語

el bengalí

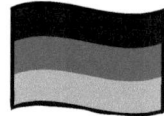

ドイツ語

el alemán

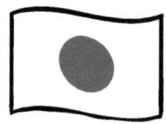

日本語

el japonés

私

yo

あなた

tú

彼 / 彼女 / それ

él / ella / ello

私たち

nosotros/as

あなたたち

vosotros/as

彼ら

ellos/as

誰？

¿quién?

何？

¿qué?

どうやって？

¿cómo?

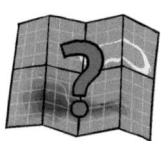

どこ？

¿dónde?

いつ？

¿cuándo?

名前

el nombre

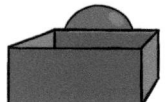

後ろ

detrás

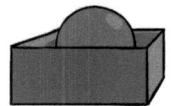

中

en

前

delante de

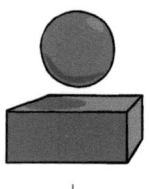

上

por encima de

上

sobre

下

debajo de

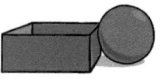

横

junto a

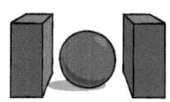

間

entre

場所

el lugar